Über dieses Buch Unter dem Titel ›Blinder Sommer‹ erschienen 1965 im Bergland-Verlag in Wien Gedichte von Rose Ausländer, die seit 1956/57 in New York entstanden waren und sich von ihren früheren Texten grundsätzlich unterscheiden.

»Erst mit diesem der Alltagsprache nahen Texten ohne Reim hat sie Anschluß an die Entwicklung der deutschen Nachkriegslyrik gefunden. Sie selbst führt diese neue Einfachheit ihrer Verse auf ihre Erfahrungen im Krieg und in der amerikanischen Nachkriegsgesellschaft zurück: ›Was [...] über uns hereinbrach, war ungereimt, so alpdruckhaft beklemmend, daß – erst in der Nachwirkung, im nachträglich voll erlittenen Schock – der Reim in die Brüche ging. Blumenworte welkten. Auch viele Eigenschaftswörter waren fragwürdig geworden in einer mechanisierten Welt [...].‹

[...] In drei streng durchkomponierten Kapiteln schlägt [der Band] alle Motive schon an, die in den zahlreichen späteren Sammlungen weiter durchgespielt werden.« (Bernd Witte in: Kritisches Lexikon der deutschsprachigen Gegenwartsliteratur) Der erste Teil (›Das dividierte Gesicht‹) stellt Großstadtlyrik vor, Impressionen aus dem New Yorker Alltagsleben, wo Rose Ausländer von 1946 bis 1963 als Sekretärin ihren Lebensunterhalt verdiente. Es folgen poetologische Gedichte, Träume, Reiseerinnerungen (›Ruf und Kristall‹). Höhepunkt und Abschluß des Bandes bilden Geschichten über Kindheit und Jugend in der Bukowina, das Judentum, die Zeit der Verfolgung – eine Art poetologischer Biographie der Dichterin.

Die Autorin Rose Ausländer wurde am 11. 5. 1901 in Czernowitz/Bukowina geboren, überlebte die Jahre 1941–1944 im Getto von Czernowitz, wanderte 1946 in die USA aus und übersiedelte 1965 nach Düsseldorf. Seit 1970 lebt Rose Ausländer im Elternhaus der Jüdischen Gemeinde in Düsseldorf. Sie veröffentlichte mehr als zwanzig Gedichtbände und erhielt zahlreiche literarische Auszeichnungen, u. a. 1977 den Ida Dehmel-Preis und den Andreas Gryphius-Preis, 1980 die Roswitha-Gedenkmedaille der Stadt Bad Gandersheim und 1984 den Literaturpreis der Bayerischen Akademie der Schönen Künste.

Im Fischer Taschenbuch Verlag erschienen außerdem: ›Im Atemhaus wohnen‹ (Bd. 2189), ›Mutterland/Einverständnis‹ (Bd. 5775), ›Ich zähl die Sterne meiner Worte‹ (Bd. 5906).

Rose Ausländer

Blinder Sommer

Gedichte

Fischer
Taschenbuch
Verlag

Veröffentlicht im Fischer Taschenbuch Verlag GmbH,
Frankfurt am Main, Mai 1987

Lizenzausgabe mit freundlicher Genehmigung
des S. Fischer Verlages GmbH, Frankfurt am Main

Enthalten in: ›Die Sichel mäht die Zeit zu Heu. Gedichte 1957–1965.‹
(Gesammelte Werke. Band 2)
Frankfurt am Main 1985
Umschlaggestaltung: Jan Buchholz/Reni Hinsch
Druck und Bindung: Clausen & Bosse
Printed in Germany
780-ISBN-3-596-25199-0

Inhalt

Blinder Sommer

Die Rosen schmecken ranzig-rot –
es ist ein saurer Sommer in der Welt

Die Beeren füllen sich mit Tinte
und auf der Lammhaut rauht das Pergament

Das Himbeerfeuer ist erloschen –
es ist ein Aschensommer in der Welt

Die Menschen gehen mit gesenkten Lidern
am rostigen Rosenufer auf und ab

Sie warten auf die Post der weißen Taube
aus einem fremden Sommer in der Welt

Die Brücke aus pedantischen Metallen
darf nur betreten wer den Marsch-Schritt hat

Die Schwalbe findet nicht nach Süden –
es ist ein blinder Sommer in der Welt

I Das dividierte Gesicht

Das dividierte Gesicht

In allen Hallen plappern Uhren
das dividierte Gesicht des Zifferblatts
gibt sich dem Zeiger hin
x-mal
lieblos und ohne Geruchsinn

Telefondrähte verbinden Weltteile mit
feindlichem Frieden
gefährliche Formeln bewachen die Grenzen
das Janusgesicht unsrer Epoche
grinst

Du suchst das verlorne Eden
stolperst über Grabhügel
den Eingang bewachen Stahlengel
in nackten Ästen nisten gefrorne Vögel

Du flüchtest ins Album der Fotoländer
auf irlandgrünen Flächen tanzt das Volk
Lugano leuchtet vokalblau
Schubert an den Flieder gelehnt
vertont Wien

unter dem lieblosen Herzschlag der Uhren

Elektrisches Lächeln

Gesichter
aus dem Spiegel gestiegen
von der Uhr in die
Gasse gejagt

Das elektrische Lächeln
wird aufgedreht

Komm
es ist Zeit
elegisch zu sein
eine Minute

Schon wird das
elektrische Lächeln
ausgeschaltet
schon mußt du einsteigen
in den Rhythmus der Räder
schon fährst du
auf Schienen
elektrisch geladener Stunden

Kräne

Ladenmädchen
Gestelle aus
Glasstirn und
Fingerkränen
bedienen dich

Mit blinden Neonaugen
starrt dich der Broadway an
Zwei Apostel zerbrüllen das
Evangelium
Lautlose Kräne heben
Kirchen aus den Angeln

In den Wolken
geschichtet der Metallhengst
von stählernen Stuten umworben
Ein Kran hebt
die halbe Welt
in seinen Sattel

24 Stunden

Plötzlich läutet die Weckuhr. Das Traumspiel fällt in die Versenkung. Auf der Drehbühne beginnt die tägliche Runde der Routine.

Der Kaffee duftet nach Afrika, die Zeitung nach Sensationen. Im Eiltempo gewinnst du die Schlacht um die Subway.

In der Achtstundenmühle mahlst du das Mehl des täglichen Brots: Litanei getippter Geschäfte und Kalkulationen. Pausenlos raunen die Sekunden im Blutgewebe.

Plötzlich steht die tote Großmutter hinter der Schreibmaschine und gibt Signale mit einem schwarzgelben Fähnchen. Der Weichensteller verschiebt das Geleise, du bist auf der Reise mit alten Schulkameraden. Die rotäugige Lokomotive braust durch das Salzkammergut, über Tirol und den Großglockner und hält vor dem Schloß in Schönbrunn, wo Franz Joseph leutselig lächelnd dich erwartet.

Mit einmal bist du wieder im Bürosessel, von der Stimme des Chefs gezähmt, voller Eifer die galoppierenden Minuten einzuholen. Das Papier vibriert, Zahlen und Buchstaben verfolgen einander.

Der Feierabend berührt die Finger, das symmetrische Gesicht der Uhr lächelt, der Zeiger zeigt Verständnis. Deine Muskeln entspannen sich. Der Spiegel zerschneidet die Kreise der Köpfe, verstrickt die Frisuren. Zwei Striche: die Lippen blühn auf.

Wieder bist du eingekeilt in einer Subwayschachtel zwischen Stoffen und duftenden Schuhen. Man schlummert stehend, man liest schlafend die Zeitung. Von Katastrophen bedroht, vom Kehrreim der Räder beruhigt, fliegst du in den Abend.

In der Halle schlägt der gemalte Clown einen Salto über die Stadt, seine rotgeweinte Nase glüht im Kalkgesicht.

Die verglasten Augen des Karpfenkopfs in der Küche schaun dich hypnotisch an, das Huhn kreist triefend auf dem Spieß, Kartoffeln rollen in die Bratpfanne.

Das Radio im Wohnzimmer singt: »Rheingold is my beer, is your beer«, »Smoke Cool, smoke Cool, smoke Cool«.

Kommen Gäste – du lächelst zermürbt. Die freundlichen Leute erwarten einen Einfall, aber dein Gehirn weigert sich zu zaubern, die Eingebung gibt nichts.

Mitternacht – das Bett ist eine Erleuchtung. Die auferstandne Mutter rückt das Laken zurecht, bettet die Pölster hoch. Die Uhr gähnt, das Fenster gähnt, die Lampe ist ein gähnend erhellter Mund. Du fällst in die Federn, sinkst in den Indigoschnee.

Über ein Mohnfeld eilst du zum Bahnhof, um den Zug nicht zu versäumen. Männer in Ku-Klux-Klan-Kutten, bewaffnet mit Hakenkreuzen und Revolvern umzingeln dich, der Raum raucht Gefahr.

Du willst fliehn mit angewurzelten Füßen, deine Lippen sind zusammengenäht, dein Hilferuf trocknet im Hals. Eine Notglocke hängt in der Luft, du ziehst den Hebel und

plötzlich läutet die Weckuhr.

Das Signal

Ein Gerücht geht um
in den Kontinenten
und Ozeanen
bis zum Apex der Erde
ein ungenaues Gesumm:
ENDE – UMGESTALTUNG

Menschen sitzen in Sälen
aus Spiegeln und Glas
und warten auf ein Signal

Meere halten den Atem an
in Erwartung anderer Wasser
Gipfel messen sich
unter dem Starrblick der Sterne
Völker beäugen einander
von Glaswand zu Glaswand
in Furcht vor Vermengung

Sie sitzen in Sälen
aus Spiegeln und Glas
jedes in seiner
hermetischen Kapsel
und warten auf das Signal

Bruder im Exil

Bruder im Exil
in Zeitungen gekleidet
gehst du der Sonne aus dem Weg
dein Koffer steht vor der Tür
von Raben bewacht

Der Baum bittet um Einlaß
in dein Vertrauen
aber du reitest ins Regenreich
wo der Dornbusch erlosch
kein Vogel ein Nest baut

Sonntag irlandgrün
im Nebel hängt eine Kirche
blühende Fenster winken
Du wendest dich ab
wanderst von Land zu Land
um die blaue Lampe zu finden
obwohl du weißt
daß der Athlet sie zertreten hat und die
Scherben zerstreut liegen in Europa

Trägst den Abend zum Strand
Sterne halten den Himmel im Gleichgewicht
daß er nicht stürze auf dich wie Amerika
das Wasser brüderlich fremd
schwemmt weg die Trümmer deines Traums
das Wasser dein
Bruder im Exil

Die Fremden

Eisenbahnen bringen die Fremden
die aussteigen und sich ratlos umsehn
In ihren Augen schwimmen
ängstliche Fische
Sie tragen fremde Nasen
traurige Lippen

Niemand holt sie ab
Sie warten auf die Dämmerung
die keine Unterschiede macht
dann dürfen sie ihre Verwandten besuchen
in der Milchstraße
in den Mulden des Monds

Einer spielt Mundharmonika –
seltsame Melodien
Eine andre Tonleiter wohnt
im Instrument:
eine unabhörbare Folge von
Einsamkeiten

Würfel

Mondrianspiel
   Manhattans Würfel
nicht rot nicht gelb
   grau fallen sie ins Aug

Im Ameisenstaat
   wir tragen Balken
legen sie den
   Wolken in den Weg

dienen sollt ihr
   wie wir dem Babelbau
Mit Zahl und Zange
   die Zeit zahlt es uns heim

Häuser in Manhattans Slums

Ihr Häuser namenlos mit verrauchten Augen einander angaffend

reihweis eingewurzelt in der gichtigen Gasse ihr seid mir leid nicht fliegen könnt ihr ins Blau wo die Wolken wachsen nicht wandern ins Grün wo Pan die Baumflöte höhlt nicht gehn zum Wasser das die Farben zusammenschnürt fast so fein wie der Himmel den Farbbogen aus Sonne und Regen

Reisen reisen – ihr faulen Häuser ihr seid mir leid ein Chirurg möcht ich sein eure Füße aus dem Stein schneiden eure Flügel aus dem Mörtel die Kinder die in euch wachsen würden euch zeigen wie man geht wie man fliegt wie man die Augen rollt um den Himmel hereinzuholen den ganzen Kreis der Hudson gäbe euch Unterricht in Rhythmik er ist ein rühriger Lehrmeister seine verzweigten Wasser haben Wurzeln in Himmel und Meer

Ihr Häuser ohne Baumgrün Grasgrün Lichtgrün ihr seid mir leid auf euren Dächern trommelt der Regen Protest brennt die Sonne Protest. Ihr greisgrauen Häuser die ihr einander angafft anonym ich wette ihr wißt nicht einmal daß in euren Augen der Star wächst

Verschiebung der Konstellation

Stunden aus unsterblicher Langeweile
im Büro als gäbe es keinen
Berg aus Erz kein Gedicht von Feuer
keine Liebe von Rang

Wolkennester: weiße Briefbogen
am blauen Baum
jenseits des Fensters
Ich wage Engel zu denken
schneide mir aus der Scheibe
ein Viereck Himmel
unendlich teilbar durch Engel

Worte die ihnen dienen
strömen in die Maschinen
verschieben mit transparenter Kraft
die Konstellation der Körper

Das Büro auf dem Erzgipfel
ist ein Sonntagsgebäude
aus Flügelfenstern fließen
Engel in Quellengestalt
die Sonne diktiert ihnen
Briefe in Versen
an die Feen der Luft
Adler besorgen die Post

Sonntag am Riverside Drive

Landschaft vom Wasser getüncht der Wind
treibt sein Spiel mit Wolken Möwen sind ovale
Bewegungen um ein langes Messer ein Schiff das
den Hudson zerschneidet ohne ihn zu verwunden
   Schwarz rauscht die Welt aus der entblätterten Zeitung

Glanz ölt die Promenade Kinder auf Rollschuhen fliegen
ins Licht hinter Holzbänken grünt der August
entlang der lückenlosen Autoparade
   Schwarz rauscht die Welt aus der entblätterten Zeitung

Die Sonne begleitet den weißen Metallwagen des
Icecream-Verkäufers der heiser ist vom Ausrufen der
zwei Silben jenseits des Wassers auf erhöhtem
Terrain grünt der August um nüchterne Häuser ein paar
Schiffe schlafen im Hafen weiter oben im dichten
Dunst hängt die Washington-Brücke traumhaft real
   Schwarz rauscht die Welt aus der entblätterten Zeitung

Wir bringen den Sonntag zum Riverside Drive wir
werfen das Autogerassel ins Wasser wir
werfen das Gewicht der Woche ins Wasser wir
werfen die Welt ins Wasser daß sie sich wasche von
   Kohle und Asche

Park Avenue Party

Während Januar die Gassen pudert, Bogenlampen den Abend in Zitronenranken verzaubern, Gummireifen das Pflaster schleifen in gleichmäßigen rotgrünen Abständen, konzentriert sich der Samstagabend auf eine Wohnung in der Park Avenue.

Fünfzig Freunde und Feinde werden traktiert mit Wangenküssen und geölter Herzlichkeit. Die erste Phase der Verwirrung spült ein Cocktail herunter.

Gruppen um Leckerbissen, Whisky, Likör. Die Menschenliebe erstreckt sich vom Bartisch bis ins verwandelte Gastzimmer. Der Speisetisch biegt sich von Fleisch, Fisch, Gelee, Salat, Pralinen, Früchten, Nüssen, Kuchen, Kaffee. Witze schlagen Wurzeln auf dem Sofa, das aus allen Polstern lacht.

Die Menschenliebe wird andauernd umgruppiert, das Ritual des Lächelns läuft von Gesicht zu Gesicht, Kerzen färben die Stimmung rot, Nischen sind ein flüsternder Sommer den keine Icecream abkühlt.

Aus dem Wein fliegen Lieder, Tanzrhythmen aus den Rillen. Die Menschenliebe gruppiert sich um und um nach Alter, Geschlecht, Reichtum und Rang

während Schnee die Gassen verzaubert und die Sternaugen der Nacht die Uhren hypnotisieren.

Chinatown

Enge Gäßchen
quer und quer
senfgewürzt
Lotrechte Namen
über Buddhas und Tand

Im Keller
das Halbdunkel duftet nach
Lampions und Limonen
über Papierbrücken
Musik der Stäbchen
auf Porzellan
wo rosa der Hummer ruht zwischen
Stengeln und Saft

Pfauen öffnen blaue Fächer
auf Seidenärmel
Die kleine Frau im Kimono
beschwört den Teegeist
in der Kanne

6000 Jahre
in schwarze Augen geschlitzt
das Erbe verbergend

Um das verschwiegene Viertel
sieh die Chinesische Mauer
himmelhoch gezogen von
dünnen Pinseln und
Konfuziuslehren

Harlem bei Nacht

Er zieht lange Fäden
aus der Trompete
wickelt sie
um Harlems
Dickicht

Aus seinen Afrikaaugen
rollen weiche Streifen
Schwermut

Raketenpilze
schießen in den
Negerhimmel
zerstäuben
über dem Blues

Nur das Echo
taumelt noch ein paar Meilen
eh es die Seele
aushaucht

Das Karussell

Heute ist die Gasse ein
Kinderkarussell
kreist
            um den Vorfrühlingsriesen
und die schreigesprengte Luft
zeigt die Häuser wie sie
aus dem Bad steigen nackt

kreist
            um den Märzmann der
derbe Worte wirft und flucht weil
sein grüner Rock noch nicht fertig

kreist
            und die Kinder lachen
fahren den Himmel hinauf
schleudern blaue Schreie
in knusprigem Englisch

kreist
            und die gerösteten Kastanien
an der Straßenecke platzen im Becken
Mütter und Gouvernanten
im Gruppengesumm halten
sich fest an die Schöße des Riesen

und das Kinderkarussell kreist
über sie schwindelfrei
kreist
            voll blauem Geschrei
um die windumwickelte Sonne

April I

Da kommt er
wirft Luftlappen ins Gesicht
drückt Sonne auf den Rücken
lacht überlaut wickelt den
Park in grünen Taft zerreißt
ihn wieder stellenweise
pufft die Kinder spielt mit den
Röcken erschreckter Gouvernanten
drückt alle Regenhebel
macht los die Nordhunde von den Ketten und
läßt sie laufen nach Windlust

Ein toller Geselle
eine Art Eulenspiegel
auch gangsterhafte Gesten hat er
(jaja mein Lieber du
machst es uns nicht leicht
dich liebzuhaben)

und doch und doch
im großen und ganzen
ein prächtiger Kerl
dieser April

Tauben im Battery Park

Tauben
Venedig im Battery Park
Vor der Statue of Liberty liegt
der atlantische Lido

Der Ahornschatten flicht Blätter ins Haar
Finger streuen Manna für fette Tauben
Die verschmolzenen Jahreszeiten
schlagen an den Nacken

In der Luft funkeln gefiederte Fische:
Schneefedern mitten im Mai
Ein Schwarm Tauben mit trägem Aufschwung
schüttelt weiße Hagelkörner ab

Boardwalk am Battery Park
voll Geplauder und
regelmäßiger Musik der Turmuhren
die rühren die Traumtrommel im Ohr Schlummernder
wenn in der Mittagspause
Länder vorüberbrausen
mit Küstengeruch aus Salz und Gewürz

Eine Welle wirft Neapel ans Land
im Hintergrund raucht der Vesuv:
ein Schornstein umflimmert von einem
Taubenschwarm

100° Fahrenheit

Die Luft hat Fieber
Kinder spielen mit dem
Staub der Ahnen
Frauen welken
am kranken Glanz
werfen ihre Juwelen
in den Kehricht

Das Lerchenlied
fällt ins dampfende Luftbecken
steigt auf als Dunst

Das Licht liegt auf der Lauer
Glühende Schatten stehn
drohend vor den Toren
in denen sich Menschen
vor dem Feuer verbergen

Am Strand

Meine Freundin am Strand
die vierjährige Mulattin
lacht das gelockte Lachen
ihrer Rasse

In ihren Augen badet das Meer
ihr Haar ist ein Schwarm Schwalben
die Hand eine bronzene Blüte

Sie schaufelt Sonne in den Blecheimer
schüttet sie in meine Hand
lacht ein Echo in den Sand

Ihr Schatten durchschneidet den Schatten
eines blonden Knaben
Eine Minute steht das Kreuz
in Glanz gehaun
dann zerbricht es
in zwei entgegengesetzte Bewegungen

Komm kleine Freundin
der Sand ist reif
wir wollen baun
ein Haus eine Stadt ein Land
füll deinen Eimer mit Sonne
lach um uns ein
weltweites Echo

Battery Park

Fügsame Landschaft von Sonne und Luft modelliert
Uferlange Fläche aus Wasser und Land
Der die verankerte Arche im Inselherz spürt
weiß um das Doppelgesicht dort am Rand

Schiffe und Schatten in Trance die Wasser schlafen
Auf dem hypnotischen Spiegel tanzt ein Delphin
mit atmosphärischen Fischen der träumende Hafen
schwebt zu überseeischen Schneebergen hin

Nicht weil die Statue heroisch die Fackel reckt –
taucht in die Taubenruh im ahorngefalteten Licht
Ins Selbstbild vertieft vom flüssigen Feuer erschreckt
versinkt der Narziß vollzieht sich das andre Gesicht

Romeo und Julie im Central Park

Romeo und Julie
im Central Park
verschweigen die Eltern
am andern Ende der Erde
wo die Trauerweide
NEIN
weint -

Julie und Romeo
zwei grüne Feuer
im Gras
umarmt von
Juniluft
herzhier

Autotanz
Eichhornaugen und das
Ringelspiel
im Kreislauf

An Dollargesichtern vorbei
fliegen
Atemwolken
Juniduft
der grüne Globus
im Ringelblütenspiel

Romeo und Julie
todlos
unter Espen
rote Blitze auf Wimpern
grüne Sonne im Ohr
Romeolippen
Julienhaar
der Globus kreist
um grünes JA
um rotes JA
um atemloses Gras

E. E. Cummings

The Bad Boy
erinnert auch an
Mo-zart so zart so Musik
oder
frischen Schnee jede Flocke ein Stern erstmalig
oder
Tropfen vom erfinderischen Regen
in Perlen verwandelt
oder
einen pausbäckigen Jungen der ein
Bündel Luftballons auffliegen läßt von
lieben lahmen überflüssigen Leuten behütet
oder
Gedichte offenbart vom Tag von der Nacht
oder
Fleisch aus Farben im Schlaf
oder
Traum und Tod im Spiegel im Mond
Oft ist Fühling im
Cummings-Gedicht
Jungduft helles Gelände wo der
Atem wächst im
Schlamm des Da-Seins
Wenn er April ausstreut in der
komplizierten Stadt
sieh wie schnell
er sie auf einen grünen Nenner bringt
den Asphalt verzaubert in
lila Reflexe
aufgeblühte Herzen

Von seinen andern Tönen
ein andres Mal

Der einfache Tag

Spatzen stürzen sich in Lachen aus Licht
Gras am Straßenrand sprießt intensiv
Der einfache Tag
über unabsehbare Steine gehißt

Maschinen grau und grau
in Mechanik vertieft
Gräser grün und grün
ins Sprießen vertieft
Menschen tagfarben ins Tun vertieft
Der einfache Tag gegenwärtig
hier und hier

Die Sonne ist heute eine Orange
Spatzen stürzen sich auf ihre Körner
Gräser trinken den Saft
Menschen trinken ihren Saft
ölen Maschinen mit dem Saft
ihrer Energie
die Maschinen reagieren mit
begeisterter Mechanik und
singen ihr stakkato Tempo
an diesem einfachen Tag

Während ich Atem hole

Während ich Atem hole
hat die Luft sich verfärbt
Laub und Gras trocknen in anderer Tonart
am Himmel hängt eine Fahne aus Stroh

Während ich Atem hole erfriert
in meinen Nerven eine Gestalt
ich höre den Umriß eines
Engels verklingen

Es ist Zeit den
Traum zu bauen in Grau
er ist ruhlos geworden und hat
sich schon niedergelassen in meinem
Haar während ich Atem hole

Inzwischen ist die Sonne verglast und
hat Sprünge bekommen ich suche ihre
unversehrte Form im Hudson aber
in seinen ergrauten Augen sind
die Konturen verschwommen
Vom Norden kommt eine
hurtige Hand und treibt
die Tropfen in den
Atlantischen Ozean
während ich Atem hole

II Herkulanischer Tag

Ruf und Kristall

Von den Dünen her ruft es
Irgendein Inneres sucht
seine volle Gestalt

Eine entrissene Perle
aus verschollener Muschel
oder ein Lächeln auf Klippen
das ein Verliebter verlor?

Wer kann die Stimme enträtseln?
Wo hat das Rufende Raum
größere Formen zu wölben?

Komm – die Dünen sind heute
tönend und transparent:
eine Küste aus Ruf und Kristall

Das unhörbare Herz

Im Geäder des Tags
schlägt das unhörbare Herz der Erdfee
die lautlose Trommel

Es begleitet die Spieluhr der Planetenpulse
die Nadeln der Sekunden
verwunden es nicht
Es ist gefeit
gegen Zeit und alle
Angriffe der Berührung

Manchmal wenn es sehr still ist
sehr weiß um mich
sehr anfänglich in mir
hör ich das unhörbare Herz
in meinem Atem
wie eine Uhr aus Luft
und die Musik der Spieldose
ist lebendig in meiner Schläfe
mit planetenhaft gedämpftem Ton

Immer Atlantis

Immer geht Atlantis unter
in unserm Hinausstaunen
immer ist's ein atmendes Grün
mohnendes Rot
Zypresse und Marmor
immer Feste in schaukelnden Gärten
ebenmäßige Menschen
immer die Heiligen Zarten Alleinleidenden

Sie steigen auf in uns
versinken in uns
wir sind ihr Grab
Immer im Schutt von Palästen
ist ihr Tod lebendig in uns
mit verwunschnen Zypressen
Schlangen und Paradiesen

Immer sind wir eingewoben
in den Glanz auferstandner
Städte und Reiche
immer spüren wir den Kristall des Erdballs
im Auge brennen
immer funkelt Atlantis
am Gestade unseres Herzens

Die Tür

Für Marianne Moore

Die Tür
nicht das Ding aus Holz
Die Tür
offen zu offnen Türen
zu offnen Wegen
zum Wald

Der Wald
nicht Bäume aus Holz
Der Wald aus atmenden Bäumen
Bäume aus atmendem Grün
Bruderberührung der Luft
Luft geatmet
in die offne Tür

Die Tür
nicht das Ding aus Holz

Sang und Ozon

Staub atmet
auf lebendem Holz

Die Sonne legt schlafen
ihr Licht in die
rote Wiege

Traumstimme
Schrei der erschreckten Mutter
das Kind fliegt
mit der Wiege ins Lied

Augen aus Gefahr
auf Wegen die harmlos schienen
das war der Irrtum
die Lunge hat falsche Luft geatmet
es heißt eine neue
Sprache finden aus
Sang und Ozon

Grüne Herzen
im Strauch
Staub atmet
auf lebendem Holz

Das plötzliche Land

Das plötzliche Land
duftet nach Zeder und Zimt

Frei von Heimat und
gewohnten Worten
ersteht es blindlings aus
dem Duft der Ahnung

Die Lenden seiner Küsten
sind anfangblau
seine Firne sonnenblond
seine Städte allfarben

Mit einmal
sind Menschen da
üppige Zentauren
Doppelwesen aus
Blumenhäuptern und Fischleibern

Alle Geschöpfe sind
spontane Übergänge in der
sich immerfort wandelnden Landschaft
Sie haben ein Muttermal
auf Stirn Blatt und Flosse
einen Tropfen deines Bluts

Das plötzliche Land
duftet nach Zeder und Zimt

Ihr Duft haftet noch

Die einen sagen sie ritten auf Löwen
durch Afrikas Wälder wie auf Pferden
die andern erzählen sie flogen mit Möwen
über ein Lichtmeer motorischer Erden

Manche sind Auferstandene von Toden
die sich lösten vom Leichengewand
andre sind verbotene Boten
eines Heilands im Sagenland

Die lieblichen Löwen und Karfunkelvögel
treffen sich nicht in der Welt der Gewichte
Der Schrei aus dem Käfig erschüttert die Segel
goldner Boote im See der Gesichte

Eva stirbt das unsterbliche Sterben
spielt ihr kindliches Spiel mit der Schlange
Ihren Tod übertrug sie auf dämmernde Erben
aber ihr Duft haftet noch am Oval jeder Wange

Nausikaa

Schilf und Zikadensilber
Schnuppen die Blaubucht entlang

Der Wandrer erwacht
zersplitterte Sterne im Blick
Nausikaas Antlitz aus Tau
taucht auf
und spiegelt sich doppelt
in seinen Pupillen
Ihr Haar löst sich
von den Strähnen der Meteore
strömt nieder und schwemmt
die Jahrzehnte weg
Ihre Hand voll Muscheln und Mondschaum
läßt alles fallen

Sie sammelt das Meer
Gestirn und Gestade
und setzt sie zusammen
Sie sammelt den Fremden
Zelle um Zelle
und setzt ihn zusammen
Sie färbt die Erde
mit Nausikaa-Atem
hängt das Amulett
um Odysseus' Hals
und führt ihn zum Vater
im neugeschliffenen Weltall

Schatten

Mein schwarzer Riese
den Sonnenlanzen gewachsen
schlägt auf
ein Zelt

Da ziehen wir ein
da haben wir eine
kühle Küche

Ich braue den Rosentee
ich löffle ein Fenster
aus dem Licht
von meinem Riesen beschützt

Zerbrochener Spiegel

Das Viertel Haus vor dem Fenster
steht der Sonne im Weg

Führt kein Pfad durch den
Spiegel? in weiter
Pupille mein Karussell hat
Raum für alle

Steigen ein die ich
nicht kenne: Kinder
Auf prächtigen Rappen und
Löwen durchreiten wir
Decke und Dach

Mühelos auf Luftschienen
ins Lerchenland unter
grünen Fahnen die
Lieder flügge

Im Flußspiegel unsre Schatten
rittlings in Wassersätteln auf
blauen Flößen aus Glas

Blindlings
aus heiterm Himmel vom
Blitz getroffen
wir stürzen ins Nichts

In meiner Hand der
Spiegel zerbrochen

Mein Blick blutet ins
Zimmer zurück

Abendstern

Staunend aus dem Schlaf gestiegen
Wimpern bereift von Traum und Legende
unverletzt von stärkeren Sternen
(den spätern Geschwistern)
lauter wie Licht im Kristall:
Abendstern – erster Versuch ein Licht zu sein
zwischen Tag und Nacht

Jetzt kommen sie
durchstechen das Dunkel
umfreunden dich

Stört dich der Mond
blutrund berauscht von der eignen Pracht
dann silbern entblutet fast weiß
von der steten Anstrengung des Steigens?

Auf der Wasserbrust ruht er
lächelt dir zu bis ein Stein ihn trifft
Explosion des Mondes im Wasser
sein Licht zerstiebt
auf zerrissenen Wellen

Erschrick nicht heil ist sein Licht
auch deines im Spiegel
wieder heil und hell
das Wasser schlummert
intakt ist die Nacht
still dein Gesicht aus
Staunen und Strahl

Juli I

In Dornenadern
das geklärte Blut
sonngesalbt

Auch Distelfinger
haben zärtliche Nägel
im Lerchenlicht

Hirsche halten
den Himmel
im Geweih

Wann trittst du
aus dem Gebüsch
Adam
deine Unsterblichkeit ist um

Deine Gefährtin
Schwalben im Hemd
wirft dir den Apfel zu
die Erde

Erwartung und Wandlung

Die Tage werden dünner
Auf Rostzweigen hängen
die Schwüre Verliebter
die sie vergaßen wie
Eichhörnchen das Versteck ihrer Nüsse
Oben wehen weiße Schleier
Vorhänge auf Fenstern aus Kobalt

Dunkle Laute kommen vom See
wo die Angst sich verborgen hält
unter der Wange des Wassers
Du hörst das heimliche Raunen
der Warnung und Wandlung
Gezähmte Felsblöcke warten
geduldig auf Metamorphosen
lächeln und ihre Silberzähne
kauen das Wetter
Halme bewahren noch ihre zarte Gestalt
ihr Eigenleben und den Zusammenhang
mit ihrer Rasse dem Rasen

Schatten schaukeln die Parkbänke
Wind wiegt das schüttere Laub
Kinder lassen ihr Spielzeug liegen
laufen der Sonne nach
Luftballons kommen geflogen
in eifrigem Aufstieg
Sie halten sich wohl für Vögel
die Höhe für Heimat
und feiern ihr Steigen
Aeroplane mit tiefen metallnen Stimmen
rattern die unpersönliche Sprache
der Zweckmäßigkeit

Wieder tönt es vom See
mit verdichtetem Dämmerlaut
Wir erschauern
vor den Mahnrufen aus dem Wasser
und halten den Atem an
in Erwartung der Wandlung

Das Wetter

Sie sagen es sei das Wetter
wir fangen es auf
mit dem Atem wir teilen
die Ungeduld der Wolken
sägen den Blitz entzwei entdrei
von den Pauken des Echos verfolgt
laufen wir in die Traufe
es regnet die Fäuste voll
es blüht den Blick voll
Lerchen stören uns nicht
bei Verrichtung der Andacht
fette Felder dampfen
die Ähren das Herz von
Mineralien gesättigt machen
Gemeinschaft mit dem Wind
wir wissen das Wetter
im Kern im Kelch
wir frieren Schneeschenkel entlang
auf entfremdeter Erde
kein Hagelschlag schreckt uns
kein Blizzard
aber das lidlose Sonnenaug
lähmt unser Licht
wenn der Blick in der
Wüste weidet
hingerissen von der
Fata Morgana

Phasen

Als sie ihn erwartete
war Rosenaufgang
sie hielt den Sommer
in der Hand

Als er nicht kam
zählte sie bis hundert
bis tausend
bis unendlich

Als er kam
war sie eine Statue
mit tauben Augen
abgehaunem Mund

Evalose Zeit

In der Mondsubstanz
aus geborgtem Licht
wohnt das verwitterte
Adamgesicht

Die Wangensäcke
hängen im Eis
der Mund vergilbt
im leeren Kreis

Der Augenzwilling
schwarz entzweit
starrt in die
evalose Zeit

Die Insel

Als wir uns
auf der Insel trafen
waren Sonnen verwoben
zu einem Gobelin
in den der Atem des
Wasser geknüpft war

In der Staubzeit
rückten die Sonnen
auseinander
die Insel wurde ans Land geschwemmt
du lagst ein Goldfisch
im Glasbehälter

Auch diese Zeit schwand
Ich stricke den Strand
der Insel
ins Buch

Das Einmaleins

Die Gefangnen im Turm
halten den Wärter gefangen
und üben mit ihm
das Einmaleins der Stunden

Ins Wandgewebe
sind Labyrinthe gestickt
Irrgänge führen zum
Sesam-öffne-dich

Nachts holen die
Gefangnen verstohlen
die Welt in den Turm
verteilen sie gleichmäßig
untereinander
Am Morgen ist alles
spurlos weggeräumt
die Zellen sind wieder
finstre Rechtecke
ohne Vögel und Wasserfälle

Die Gefangnen begrüßen sich
verstohlen
mit Weltabglanz
und üben mit dem Wärter
das Einmaleins der Stunden

Der Moment

Ich habe nichts als
die Nacht aus
100 × 100 Nebellichtjahren

Ich habe nichts als
die Stunde aus
60 × 60 Sekunden

Ich habe nichts als den Moment

Der Moment ist meine Schöpfung
die Brücke von meinem
Staubgeist zum Sterngeist
Der Moment ist mein Flügel
zum Flügel des nächsten Moments

Ich habe nichts als den Flügel
Ich habe nichts als die Schöpfung
Ich habe nichts als den Moment

Alte ergraute Frau

Im Zimmer voll nichts und voll niemand
sitzt sie beim Fenster Stunde um Stunde

Jenseits der Scheibe
ist die Welt ein Zusammen:
Häuser Bäume Wagen Menschen
Gebilde entstehen
verschieben sich
winden und binden sich
lösen sich bilden sich wieder
im großen Zusammen
jenseits der Scheibe

Die Straße lebt laut ihr Draußen
alle treten sie
treten über sie hinweg
aber sie lebt dreist
ihre Lautwelt aus Pfiffen und Stimmen

Ausgeschlossen vom Draußen
tritt die ergraute Frau
zurück ins Zimmer
voll nichts und voll niemand
Allein in der Kammer aus
Kalk und Holz
unter der mageren Sonne der Lampe
tut sie ihr winziges Werk:
die Arbeit der Hausfrau

Grau wie die Wand
ist ihre Angst
an den Geist genäht
grau der Saum
im Ohr ihrer Enge
Die Wände weinen das Grau
der Wiederholung
Bett Tisch und Stühle
sind Fremde die sich befeinden

Der härteste Gegner der Spiegel
ist eisig bereit
sie aufzunehmen
im raumlosen Raum
sie zu halten im Bann
der erschreckten Augen
Kein graues Haar verschweigt er
keine Runzel
Sie schaut in ihr Schicksal aus Glas
und wundert sich daß es nicht bricht

Das Spital

Mühelos erklimmen die Kranken
den Gipfel des Thermometers
Oben empfängt sie der Mohn
Sie durchstreifen das Gelände der Gefahr
mit dem Stab aus Penicillin
Das Spital ist ein Schneefeld
mit vielen weißen Schlitten
unhörbaren Glöckchen
Die Pflegerinnen
mit antiseptischem Lächeln
huschen von Wolke zu Wolke
verabreichen bittere Hagelkörner
Der Schnee ist ein Laken aus kalten Funken
ein Kissen aus Feuer
eine Decke aus Eis

Die Patienten fliegen
in weißen heißen Rodeln
den schwindelnden Abhang
hinab

Unterirdisch

Mit dem Maulwurf hab ich mich verbrüdert
Furchtlos tret ich durch das dunkle Tor,
grüß die Nacht die meinen Gruß erwidert
Fette Erde setzt dem Gast sie vor

Urlebendig ist es in der Scholle
Aus den Wurzeln quillt das schwarze Licht
Lehm mein Lager Wasser meine Wolle
Würmer lieben mich verzichten nicht

Ich empfange meine weißen Brüder
wie es sich gebührt in diesem Land
Unterirdisch finden wir uns wieder
als Vertraute mit dem Geist aus Sand

Tausendflügler Traum

Tausendflügler Traum
Verbotene Zonen
Wir: Bewohner von
vier Dimensionen

Bittrer Bruderzwist
Die Schwesterschlange
sirenensüß
seziert deine Wange

Der Eltern Grab im
verschollenen Staub
beschenkt ein beherzter
Jungstrauch mit Laub

Scharfes Mönchgesicht:
Savonarola oder
ein ähnlich harter
trockener Toter

Regenlitanei über
nackte Küsten
Uhren und Urnen
Verse und Wüsten

Umgestülpte Stadt:
Aus Kellern und Krügen
tropfen Sterne die
nicht versiegen

Stilleben I

Chrysanthemen
im Sarg der Vase
Stilles Sterben
in Fäulnis gehaucht

Im Glas das Wasser
schläft
seine zahllosen Augen
blind

Auf der Traubenhaut
prall im Tod
malt die Sonne
Scheinatem

Nur die Uhr
lebt
ihre Lippen
verzehren die Zeit

Nacht V

Die Tulpe
schließt die Tür

Orions silberne Äpfel
sind reif

Die Quelle
wiederholt den Raum
aus Traum und Tropfen
mit genauem Laut

Der Kuckuck zaubert

Der Kuckuck im Laub
zaubert sein Ritual
mit geübter Zweisilbigkeit
Deutlich hört man seinen
magischen Mund den
Sommer beschwören

Die Wetterfee hält
im Ausland den Schnee gefangen
Sonnenlachen weiten sich
zu Seen wo Weiden baden
und Schwalben

Im Nest rührt sich das Ei
erwacht in Pans Arm
die Nachtigall

Der Mücken ephemeres Ballett
schreibt helle Kreise
aufs unvergängliche Luftblatt

Offener Brief an Italien

Italien
mein Land der Terrassen und Trauben
von Sonne geliebt
deine Haut ist blau wie die Blume
die der Dichter sich einst
an die Stirn steckte

In deine Geschichte taste ich mich
von Marmor zu Marmor
aus brüchigen Schichten schäle ich Glanz
höre den Pulsschlag deiner Paläste
durch deine Portale betret ich die sieben Dante-Himmel

Vivaldi hat meinen Traum vertont
Bei Leonardo lernte ich fliegen
Ich frage Raffael nach der sanftesten Madonna
Michelangelo nach dem mächtigsten Mann

Mein Italien
ich schreibe dir aus Amerika
daß ich dir huldige
Ich huldige deinen Ruinen im Blau
deinen traumäugigen Bettlerkindern
deinen gesprächigen armen sanften singenden stolzen
Menschen
der unerschöpflich dich liebenden Sonne im Blau

Venedig I

Goldner Schmutz
Mosaik aus Palazzi und Wellen

St.-Markus-Platz:
Siamesisches Zwillingsviereck
im Taubenschaum badend

Alle Gondeln fassen nicht
den Körper deiner Unwirklichkeit
Alle Gondeln fassen nicht
deine Schwermut unter dem Süßsang

Leih mir den Glockenton deiner Gläser
Lehr mich das Latein deiner Zaubergassen
Schenk mir einen Strahl
vom Tintorettostern

Schläfe an Schläfe
mit dem medialen Mond
fliegen Kähne
ins Labyrinth
der Kanäle

Villa d'Este

Fontänen:
flüssige Vögel
unverdrossen auf- abschwebend
zwischen Zypressen Terrassen Touristen und Kameras
auf und nieder schwingen sie
nasse Substanz
ins Sieb der Sekunden

Sieh Rom
im Geschmeide seiner Ruinen
fontänenvoll
hier im benachbarten Tivoli
und überall in der greisjungen Stadt
aus Steingeist und singender Armut

Regenbogen rollen
vom bewässerten Licht
in die Tagebücher der Sammler
links und rechts trocknen die Toten
träumen die traurigen Augen der Verkäufer
lächeln dünne Damen
auf Kameen in Silberrahmen

Die Luft spricht Tradition
mit ungezwungener Zunge
Vokale tropfen ins lateinische Blut
die Moleküle der Zeit zerfallen
als Sprühregen
in geometrischen Reihen:
Wasserparabeln
zwischen Drusen aus Laub

Springbrunnenschwall
Von allen Seiten
sprudeln Zeiten
um deine Eile
Du glaubst den vorgetäuschten Perspektiven
glaubst dem Spektrum die Glorie
dem Wasser Bestand aus Bewegung
glaubst deinem eignen Schatten
die gesteigerte Gestalt
im Spiel der
unzerbrechlichen Spiegel

Figur von Picasso

Gleichzeitig Profile
dem Großaug
in Bewegung
entgeht keine Richtung
roter Strich Blut
im Hautgehäuse
innen
mysteriös
unentrinnbares Leben

Auch wo die Figur
nur ein Satz ist
lapidar
immer zugegen
unausgesprochene Schichten
Wirklichkeit
Organe Adern Erde

Stürmische Meerfahrt

Hunderthäuptig
ein Moloch
schnappt nach dem Schiff
lüstern die Mäuler

Ich packe den
Schmetterling in den
Koffer aus Kork
er soll leben
wenn ich nicht
die Wiese erreiche

(Gestern tauchte die
tote Mutter ein heller
Delphin aus dem Wasser
nahm mich nicht wahr)

Ich schließe einen
Pakt mit der Sonne deine
Unterschrift Majestät
morgen übermorgen?

Wann wird es heute?

Das erste Erbe

Flügel aus dem Ei gebrochen. Samen
in dem Hodenkrug der Kreatur
Anfanglos und endlos ihre Namen,
hier in Moll gesprochen, dort in Dur

Goldnes Gestern? Doch den Tod vergessen
sie: das erste Erbe in Atom
Zwang der Zeugung. Die Sekunden essen
unsre Zellen, unsern hellsten Dom

An dem Schauspiel unsrer Scheiterbrände
sehen wir uns blind und wund
Bruder, frag nicht nach dem Ende –
der es weiß, hat keinen Mund

Der Feuerfisch

Ein Feuerfisch
flog heute
himmelauf erdab
der Äther krachte in allen Fugen

Kinder griffen nach ihm
lachten und schrien
FISCH DRACHEN FLAMMENSCHIFF

Der Feuerfisch
fuhr durch unsern Atem
wir spürten den Strahl im Blut

Wie deutest du die Erscheinung
Josef?
Es ist Zeit abzuschütteln
deinen verjährten Staub
und zurückzukommen
in die Luft aus Omen

Deine Urenkel
haben eingeatmet einen
lohenden Drachen der
die Zeit verschlingt
unterbrich deine fünftausendjährige Ruh
auf dem Leviathan reite zu uns
und deute!

Nicht Oktober nicht November

Herbst sagst du
und meinst den Wind er schärft
sein Messer an deiner Stirn
meinst rostige Blätter sie rollen
deinem Schritt voran
meinst Frostnadeln sie stechen
die Luft den Baum die Haut

Herbst herber Laut
brauner Geschmack
Die Freunde an der Front
werden bitter und braun
nicht von Sonne gebräunt

Die Erde rostet und rollt
mondab
in die Schlucht wo die
Geschichte Burgen baut
Schuldtürme Falltüren

Herbst sagst du
aber ich sage dir
nicht Oktober nicht November
du mußt einen neuen Kalender erfinden
ein andres Alphabet
eine Sprache die Einhalt gebietet
denn die Zeit fällt
fällt ins Unabsehbare
und wir fallen mit ihr

Kein Preis

Nicht den duftenden Nebel über Arosa
nicht den dreifachen Regenbogen auf dem Niagarafall
nicht den rötlichen Canyon im Yellowstone Park
preise ich in der Gefangenschaft

Mein Kerker ist fünf Kontinente weit
zwei Billionen Menschen teilen mein Schicksal
die Wärter haben die Tore verrammelt
die Meere zugeschnürt
den Himmel verhangen

Dich Panther im Dschungel
unbehindert im Tanz deiner Muskulatur
dich Lerche im hohen Gesang
ungefährdet unter deinesgleichen
dich Python der den Aufruhr nicht riecht
im Monatschlaf
beneid ich:

Wie leicht wie rein
wird euer unvorbereiteter Tod sein

Im Osten des Herzens

Im Osten des Herzens
  geht die Güte auf
    über dem Land ANFANG
dem Land der unterschiedslosen
  Menschen und Liebe
    wo Milch und Honig fließen
Im Süden süßen
  schwüle Rosen
    üppige Lilien
Im Norden grünen
  kühle Tannen
    der Gedanken
Die Landschaften aller Länder
  sind Geschwister
    die Eltern wohnen im Himmel
Aber dazwischen sind
  Wände errichtet:
    Grenzen
Stahlhände schwenken
  das Banner VERBOTEN
    auf Befehl der Behörden
Liebliche Bezirke werden konfisziert
  im Norden und Süden
    die Engel wurden aus dem Osten vertrieben
Im Westen des Herzens
  geht die Güte unter
    über dem Land ENDE

Der nächste April

Daß ich dich wiederseh
im April
von Asche frei –
kann es sein?

Kaiserin Sonne
im Atemhemd
Baum ohne Angst
die Lerche real

Es ist nicht lang her –
ein Atemzug Geschichte

Wann in der Zeit aus Sprengstoff
dürfen wir dichten
am Strohlager?

Der antike Traum im Blut
blieb intakt:
Eden Engel du

Wird der nächste April
unversehrt sein?
Darf ich dich wiedersehn
von Asche frei
unter Versen?

Sintflut

Und der Regen fällt
und der Regen fällt

Ruft der Gaukler sieh
ihre Besessenheit tanzt
um die Sonne
wie zur Zeit Babels
Marionetten hüpfen
im Regenrhythmus
mit gesprungenem Genick
Sieh die Ballerina
das Glasgesicht verzückt
um ihre Achse dreht sie sich
den Spiegel in der Hand
wer ist die Schönste im Regenland

Der Regen hat weggeschwemmt mein Gedicht
meldet der Poet
Salzsäulen füllten die Arche
kein Platz für Verse
eine Strophe verschlang der Hai
eine warf Noah der Taube zu
sie fing sie nicht auf

und der Regen fällt
und der Regen fällt

Wolken ertrinken im kalten Salz
aber im Ratskeller
sprüht warm der Champagner
die Sterne im Blut
der kleinen Babette
kreisen um die Erde
aus Wasser
sie wirft ihr Hauchkleid ab und
taucht in den Schaum

Eine Stimme im
versunknen Ölbaum ruft
KOMMT ZU MIR DIE IHR BELADEN SEID
alle sind beladen
alle wollen kommen
aber die Brandung wirft sie
an die Uferlosigkeit

und der Regen fällt
und der Regen fällt

Kamillen

Kamillen
Die grünen Jahre
bevölkert von Faunen und Feen
wuchern unter der Schläfe
Nymphen treiben ihr
Waldwesen weiter
im Raum aus Maschinen

Goldner Tee
In der Nische raschelt der Seidenrock
Engel halten den Spiegel
Ein Kinderchor unter dem Fenster
im Orchester
der Frösche und Grillen

Weltraum
überfüllt mit
Körpern und Katastrophen
Labyrinth der Länder
von Drachen bewacht
Rosen unwissend daß
ein Schatten auf ihnen lastet
der Rumpf des Robots

Laß fallen die Maske
Seifenblasen sprühn
von deinen Lippen auf
Minze und Mohn
der Flaum des Löwenzahns
schwebt überm See
Undine im Kelch einer Wasserrose
flüstert mit verschleierter Stimme
wie die Mutter
Freitag vor der Kerze

Elektrische Vögel
in Metallbäumen
kreischen dich wach
vom Daumen rollt der Ahnenring
mit dem Wappen der Linde
du legst an den Stahlkittel
dein Haar im Drahtlaub
fängt Antennen auf
in deinen Nüstern verflüchtigt
Kamillengeruch

Meer II

Ich weiß nicht wie es kam
daß alles was ich sehe und höre
zu Meer wird
der Fremde der Nachbar der Freund
Wellen
die Stadt
                    brüllende Brandung
Worte
                    Bewegung Schimmer und Schaum

Ich
eine ungenaue Gestalt aus Tropfen
deine authentische Tochter
                                        Meer
zusammengeballt
und wieder in deine
Wasserschaft gesogen
flüssiger Staub

Wir atmen dich ein
du atmest uns aus
mich und meine Quecksilberschwestern
die Fische
unser Wald aus
Korallen Seemoos Sirenen
hat viele Funktionen
den Tauchern vertraut

Den Delphin auf dem Rücken
reitest du nachts
durch Sternsteppen
dein saftiges Fleisch
von Haien und Walen massiert
der heilige Monster Leviathan
wacht über deine Seele

Dich begleiten darf ich nicht
nur meine Nerven folgen dir
aber auch das ist ein Übergriff
und ich leide die Strafe der
Steine Scherben gemarterten Muscheln
Ich trink mich satt an Salz
Schlamm und den Schikanen der Wetter

Du spülst mich von
Golf zu Golf
von Klippe zu Klippe
in deinem Spiegel seh ich mich
einen vermuschelten Körper voll Rillen

Auf einer Schäre
unter Ravello
möchte ich deinen letzten Anprall erfahren
deinen kühlen Kuß ohne Kontur
Eine Perle wächst mir ins Fleisch
eine harte Träne
du wächst in mir Meer
du wächst in mir
flüssig und hart

Singen Sirenen

Singen Sirenen
Grüner Schatten Irland
Türme mit Vögeln beflaggt
Terrassen gebrannt in den Süden
Kinder tragen Palmen zum Strand
bauen die momentane Riviera

Der Föhn vergißt nicht die
leuchtende Leiche Ophelias
bringt sie auf dem Rücken
ihre Lotusaugen begraben im Mond
singen Sirenen
sie kennen die wandernden Toten
die Sonnenklippen
die Mörser der Brandung

Ziffern häufen sich auf dem Blatt
zählen die Zeit
ein Wagen rollt durchs Weltgewebe
hält keinen Moment
kein Magnet keine Formel
bringt ihn zum Stehn
singen Sirenen

Gold gesiebt aus dem Sand
das Volk tanzt ums Kalb
ihre Schatten preisgegeben der
berückenden Landschaft
wie sie sich auflöst
unter den Sohlen
singen Sirenen

sie sammeln
die Trauer im Regen
in den Schluchten den Schlaf
Glückspuren in Korallen
sie sagen es geht
um Fugen der Flut
um Atem und Untergang
um den sirrenden Samen
Moment

Ein Tag eine Nacht

Der Tag bricht an nach der Nacht in der du erlebt hast den Tod und sein Spiel mit dir im unterirdischen Labyrinth

Du bist ein neuer Körper aber der Spiegel ist ein Zauberer und zeigt dir dein altes Gesicht. Du gehst in die Gasse die neu ist aber dein Auge ist ein Zauberer und zeigt dir die gestrige Gasse. Du sprichst zum Geliebten mit deiner neuen Stimme aber er ist verzaubert und hört deine gewohnte Stimme. Ich hab dich lieb beteuerst du ihm und betrügst ihn mit deinem neuen Ich

Menschen umzingeln dich mit Zahlen halten dich gefangen im Zirkel bis der Zeiger das Signal gibt dich freizulassen. Du freust dich auf das Abendritual auf Leckerbissen und Küsse die sich auflösen wie Salz

Die Nacht bricht herein nach dem Tag kommt wieder der Tod zu dir im silberschwarzen Talar du folgst ihm hypnotisiert ins unterirdische Laboratorium ein Apparat nimmt auseinander deine Bestandteile wechselt aus deine Zellen setzt lückenlos zusammen deine morgige Gestalt

Nein

Moschee aus Stein
Kein Fremder betrete dein Haus
Allah

Mephisto
Vernunft aus Nein
im schwarzen Glanz der Sprache
schaukelt von Nichtsein zu Nichtsein

Dein Schachbrettleben
die Königin dir zur Seite
du betrittst die vorgeschriebnen Räume
vollziehst die begrenzten Schritte
Dein Gegner
gefürchteter Fürst
kommt dir gewappnet entgegen
treibt dich in die Enge
enger enger
keinen Schritt weiter
befiehlt er und
küßt deine Königin

NEIN

schreit dein Fleisch
und klopft an eine
Moschee aus Schein

Einsamkeit I

Die Poren saugen sie auf
bis sie im ganzen Körper
gleichmäßig verteilt ist

Tage tätowieren
unablässig Linien
in die Wange
Zeichen die nur die Sibylle
deuten kann

Die Freunde sind zugenäht
man kommt nicht heran an ihren Atem
auf ihren Lippen hängt eine farblose Fahne:
frostiges Lächeln

Wenn man sich umwendet
sieht man Fußspuren die
sich verlaufen im Sand

Die Mühle am Horizont
bewegt die Arme nach dem Pulsschlag eines
Wiegenlieds
Es ist Zeit
dem Alleinsein ein Ende zu bereiten
und schlafen zu gehn

Der Flügelteppich

Der Flügelteppich
von Stiefeln zerrissen
die Girlanden herausgefallen
die Zaubersprüche von Motten zerbissen

Nun heißt es unten bleiben
im fadenscheinigen Raum

O Meister der den Teppich knüpfte
aus anfangfarbnem Haar
und mir ihn schenkte
im mitverflochtnen Jahr –
in welches Werk bist du jetzt vertieft?

Ich habe Fäden aufgelesen
wie Ruth am Rand
verwebe winzige Stücke
in die geschwächten Schwingen
bis aus deiner Hand
der Regenbogen rollt
ins Muster Sterne sprühn

Bis I

Hast du endlich erlernt deine Rolle
im Hör-Spiel wenn wieder
Bäume reden Gras singt und
eine simple Mahlzeit dich erwartet?

Immer Literatur und Stirnfalten weil
Faust unsterblich sein will und sündigt
und immer wieder sündigt und bis
ins Erlösen Greuel verübt

Ideen fliehn wenn aus dem Krater
Rauch steigt eine sanfte
Drohung einstweilen bis
die Lava reif ist

Bis der Blitz ins
Holzherz fährt halte dich
an die Würde des Baums und die
herrlichen Schatten
Beweise des Lichts

Du mußt besser lernen
deine Rolle angesichts dieser
großen Spieler und deiner
Ehrsucht und einsamen Liebe
zum Traum bis
eine größere Liebe deine
Rolle übernimmt

Herkulanischer Tag

Nimm die Geranien in Schutz
herkulanischer Tag
daß sie nicht heimgesucht werden vom Fatum
wie die Menschen deren Traum dein
muskulöser Atem zerbricht

Dein Körper hat sich ausgebreitet
über Kontinente
auch in den Dschungel bist du eingewachsen
mit allen deinen Rippen
Das zierliche Pony zittert vor dir

Sonderbar daß wir noch nicht
verwunden haben den Garten
und unser Blut nicht
den Verlust des Monds

Sonderbar daß aus der Schrift
der verbotne Baum noch
herüberwächst
und uns droht
weil wir wissen wollen

III Das Dorf Duminika

Das Dorf Sonntag

Hinter der Montagmauer
liegt das Dorf Duminika
das ich in meiner Freizeit
gern besuche

Ich bringe meinen Lieblingsberg mit
den Raréu
und die Zigeunerin die mir einst
die Zukunft geschenkt hat

Weiden weinen mit mir
weil Montagnachbarn
meinen Hund vergiftet haben
Er war ein Weiser der die
Sprache aller Gerüche gekannt hat

Die Bauern bewirten mich
mit Kornbrot Milch und
buntgestickten Geschichten

Das Dorf Duminika ist grün
der Fluß ist grün
die Hirten schnitzen grüne Doinas
in atmende Flöten

Meine Nachtigall

Meine Mutter war einmal ein Reh
Die goldbraunen Augen
die Anmut
blieben ihr aus der Rehzeit

Hier war sie
halb Engel halb Mensch –
die Mitte war Mutter
Als ich sie fragte was sie gern geworden wäre
sagte sie: eine Nachtigall

Jetzt ist sie eine Nachtigall
Nacht um Nacht höre ich sie
im Garten meines schlaflosen Traumes
Sie singt das Zion der Ahnen
sie singt das alte Österreich
sie singt die Berge und Buchenwälder
der Bukowina
Wiegenlieder
singt mir Nacht um Nacht
meine Nachtigall
im Garten meines schlaflosen Traumes

Der Vater

Am Hof des Wunderrabbi von Sadagora
lernte der Vater die schwierigen Geheimnisse
Seine Ohrlocken läuteten Legenden
in den Händen hielt er den hebräischen Wald

Bäume aus heiligen Buchstaben streckten Wurzeln
von Sadagora bis Czernowitz
Der Jordan mündete damals in den Pruth –
magische Melodien im Wasser
Der Vater sang sie lernte und sang das
Erbe der Ahnen verwuchs mit
Wald und Gewässern

Hinter den Weiden neben der Mühle
stand die geträumte Leiter
an den Himmel gelehnt
Jakob nahm auf den Kampf mit den Engeln
immer siegte sein Wille

Von Sadagora nach Czernowitz und
zurück zum Heiligen Hof gingen die Wunder
nisteten sich ein im Gefühl
Der Knabe erlernte den Himmel kannte die
Ausmaße der Engel ihre Distanzen und Zahl
war bewandert im Labyrinth der Kabbala

Einmal wollte der Siebzehnjährige
die andere Seite sehn
ging in die weltliche Stadt
verliebte sich in sie
blieb an ihr haften

Sadagorer Chassid

Achtzigjähriger Greis
Sein Bart betete weiß
auf der Brust

Auf seinem Kaftan
erholten sich Engel
von der Anstrengung weltlicher Flüge
Die Sabbatkrone
das Stramel
war sein einziger Schmuck

Die Lider gesenkt
sein Blick von Schleiern umsponnen
wohnte im Bethaus

Montag und Donnerstag Fasten:
leicht sei der Leib
seine Speise: Preisen
Sichwiegen im Rhythmus der
Bibelgebete und anderer
heiliger Worte

Wenig Worte –
die Scheinwelt sei nicht besprochen
nicht betastet mit fettem Interesse
Erscheinungen sind Schemen
dem Wesen (nicht ausgesprochen der Name!)
diene dein Geist

In der doppelgerollten Thora
liegen Licht und Lied
spricht die Geschichte des Volks
Sieh die Geliebte:
im goldgestickten Samtgewand und
krönenden Kopfschmuck
dürfen deine Lippen sie küssen
darfst du sie halten im Arm
und tanzen mit ihr tanzen
zur Ehre des Herrn

Tanzte der Sadagorer Chassid
mit den andern Chassidim

Kindheit I

Vor vielen Geburtstagen
als unsre Eltern
den Engeln erlaubten
in unsern Kinderbetten zu schlafen –
ja meine Lieben
da ging es uns gut

In jedem Winkel
war ein Wunder untergebracht:
Heinzelwald Berg aus Marzipan
Fächer in dem der Himmel
gefaltet lag

Ja meine Lieben
da hatten wir viele Freunde
Begüterte wir konnten's uns leisten
einen Stern zu verschenken
eine Insel
sogar einen Engel

Vor vielen Geburtstagen
als die Erde noch rund war
(nicht eckig wie jetzt)
liefen wir um sie herum
auf Rollschuhen
in einem Schwung
ohne Atem zu schöpfen

Ja meine Lieben
im Eswareinmalheim
da ging es uns gut
Die Eltern flogen mit uns
in den bestirnten Fächer
kauften uns Karten ins Knusperland
und spornten uns an
die Welt zu verschenken

Sukkoth

Aus einem Tag im September
schäl ich den Nußbaum voll Milch

Laub das den Tag grün macht
grüner Tag der mich
verwandelt in ein Blatt
deutlich im Tau kopiert

Adern wachsen aus der Sonne
Astern Weizen Mais

Ein Karussell Mücken
dreht den Himmel um
Kuhglockenklang
Erntedank der Mutter im Spitzentuch
in der Laube locker und leicht

Die Haut der Hütte grünt
Manna fällt auf den Tisch
aus der gerösteten Traube
sickert Wein

Ins Geäst verflochten
ruh ich
ein Nußblatt
ein grün rankender Psalm

Pruth

Da zirpten die Kiesel im Pruth
ritzten flüchtige Muster in
unsre Sohlen

Narzisse wir lagen im Wasserspiegel
hielten uns selbst im Arm

Nachts vom Wind bedeckt
Bett mit Fischen gefüllt
Goldfisch der Mond

  Schläfenlockengeflüster:
  der Rabbi in Kaftan und Stramel
  von glückäugigen Chassidim umringt

  Vögel – wir kennen nicht
  ihre Namen ihr Schrei
  lockt und erschreckt
  Auch unser Gefieder ist fertig
  wir folgen euch
  über Kukuruzfelder
  schaukelnde Synagogen

Immer zurück zum Pruth

Flöße
(aus Holz oder Johannisbrot?)
pruthab
Wohin ihr Eilenden
und wir hier allein
mit den Steinen?

Raréu

Mach leicht meine Landschaft
sie liegt mir
als Höcker auf dem Rücken

Heimat?
Passen die Stücke zusammen
die grünen die roten?
Mach leicht meine Wahl

Ich brachte dich zum Raréu
Rübezahl
weißt du noch?
Purpurn der Rauch
Sonne bestieg den Gipfel
du tratst in den Bergspalt zurück

Dorniger Durst
Aus dem Himbeerblut
winkte der Wurm

Mach leicht jene Lichtung
das grüne Oval und
die Hirschkuh
immer erreicht mich ihr Blick

Rübezahl
wann wandern wir aus?

Jakobeni

Fichten wo der Tag
mit Widerhallatem
das Tal betrat

Schmal
ein kühler Spalt
zwischen Bergen

Nadelgeflüster
dunkles Gespräch
den Windruf hör ich dreimal
im ehernen Pyramidengrün

Wieder der Ruf
vermengt mit Kuckuck und
herben Stimmen der Dörfler

Gehn Schwefelgeister
noch um in der Luft
und im Wasser gelb
noch der bittere Rest
einer Made?

Dorf in der Bukowina

Schwalbennest
unter dem Schindeldach
Flüge blau im August

Kieselgestrüpp
störrische Dornen im Strom
vornübergeneigte Weiden wo
der Kahn an der Kette seufzt

Flogen Flöße vorbei
kämmte Wellen ins Wasser
der Windkamm
kauernd zog der Angler
ein Zappeln herauf

Da waren dem Laub
willkommen die Sänger
Nachtigall du Morgenrotglück
später die Drossel im
Schattengespinst
unverdrossen das süße Trili
und du dunkler Kuckuck
immer dein Ruf

Abendruh auf
rohen Holzbänken Wortkarg
die Alten Ein Jüngerer zog
ukrainische Lieder
aus der Harmonika

Wir Kinder
geführt von der Fee
zum Tischlein-deck-dich
oder auf Flügelteppich
in den Orient

Dreh den Ring
wir schwingen schon
zwischen Himmel und Hier

Idylle

In der Hütte
am entlegenen Ort
sind die Wände bemoost
die Namen verwischt

Im Hinterhof
kratzt der glückliche Hund
seine steile Unterschrift
in die Erde
und dreht sich dreht sich
atemlos
um den Atem
der Halme

Der Karpatenriese

Noch geht in den Karpaten der
Riese um der uns Gipfel schenkte
Serpentinen kreisen um unsre
verwaiste Begeisterung

Wir hier
im Land der Städte
pflanzen Unkraut ins Pflaster
erwarten Mirakel:
plötzliche Gipfel mit Greifennest

Steinbäume steigen
aus dem Unkraut
laublos fremd

Noch geht der Riese um in uns
vielleicht hat er uns noch ein bißchen lieb
und bringt uns in den Ferien
die Karpaten in einem
Sack auf dem Rücken

Nach dem Karneval

Nach dem Karneval kamen die Magertage
mit Schimmelbrot und Bitterkraut
Mich hungerte nach Feigenfleisch
mich dürstete nach Apfelsinen

Mit einer Karawane ging ich
durch die Wüste auf Datteljagd
Der Sand stak mir im Hals
Der Rücken des Kamels
war meine Heimat
Die Stunden waren Öfen um die Stirn
die Sterngebilde Kreuz und Skorpion

Am Morgen blühte rot am Horizont
die Fata Morgana die nicht näherkam
Nur einmal nahm uns eine Oase auf
das Wasser roch nach Feuer Mohn und Mond
Feigen und Datteln waren verdorrt

Damit kein Licht uns liebe

Sie kamen
mit scharfen Fahnen und Pistolen
schossen alle Sterne und den Mond ab
damit kein Licht uns bliebe
damit kein Licht uns liebe

Da begruben wir die Sonne
Es war eine unendliche Sonnenfinsternis

In jenen Jahren

In jenen Jahren
war die Zeit gefroren:
Eis so weit die Seele reichte

Von den Dächern
hingen Dolche
Die Stadt war aus
gefrorenem Glas
Menschen schleppten
Säcke voll Schnee
zu frostigen Scheiterhaufen

Einmal fiel ein Lied
aus goldnen Flocken
aufs Schneefeld:
   »Kennst du das Land
   wo die Zitronen blühn?«
Ein Land wo Zitronen blühn?
Wo blüht das Land?
Die Schneemänner
wußten nicht Bescheid

Das Eis wucherte
und trieb
weiße Wurzeln
ins Mark unsrer Jahre

Schallendes Schweigen

Manche haben sich gerettet

Aus der Nacht
krochen Hände
ziegelrot vom Blut
der Ermordeten

Es war ein schallendes Schauspiel
ein Bild aus Brand
Feuermusik
Dann schwieg der Tod
Er schwieg

Es war ein schallendes Schweigen
Zwischen den Zweigen
lächelten Sterne

Die Geretteten warten im Hafen
Gescheiterte Schiffe liegen
Sie gleichen Wiegen
ohne Mutter und Kind

Und manchmal der Wind

Nebel goldne Augen klagende Stimmen

Die Toten huschen Hand in Hand
durch den Nebel
durchqueren goldne Augen
ziehen Gassen
klagender Stimmen
entlang

Als noch alles zusammenhing
gab es ein schönes Geschlecht
das aufrecht ging
reine Umrisse hatte
Kreaturen die
Sterne begleiteten
Sonne erlernten
Erhaben waren die Tage
Muscheln und kleine Steine
hatten ewige Türen

Jetzt ist alles verwischt
das Nebelhorn stöhnt
in die Ohren der Toten

Manchmal kommt ein Wind
der mit scharfen Scheren
den Nebel in Streifen schneidet
und dazwischen ist viel entzündetes Blau

Nebel goldne Augen klagende Stimmen
und manchmal der Wind

Entwurzelt

Das Wespennest ist voll
Nadeln funkeln
Finger verfangen sich
im Giftgestrüpp

Ein Kind
spinnwebdünn
auf einer Haarsträhne
der toten Mutter

Stachelige Wurzeln
halten Gott gefangen
Er wimmert
mit entwurzelter Stimme

Komm komm
ruft die Nachtigall
Sie weint weil er
nicht kommen kann

Im Dschungel

Oft verirre ich mich
hier im Dschungel
die Gassen stemmen sich gegen
mich und meine Gefährten
die ich in der Tasche trage
Nur meine Umrisse lassen sie herein
mein Modekleid und das Radio

Wo sollen meine Gespielen
aus dem Apfelland wohnen
der Cecina die geschliffnen Pruthsteine?
Wo die Gespräche mit Kindern
die Augen der Blinden die
weiter schaun als die Gassen?

Wenn ich mich verirre
hier im Dschungel
mein Atem sich verstrickt
im Steingestrüpp
ruf ich meine Gefährten aus der Tasche:
Revnawald Habsburgshöh
Echo aus Dorna
und wenn alles versagt
zaubert in meiner Tasche die Zimbel
den Rabbi Eli Melech herbei

Israel I

Hügel hüpfen
grünen Flaum auf den Wangen

Jungwald
beschützt die
alten Schollen

Palmen standhaft im
Sonnengestöber

Komm Wolke
seltne Gefährtin
beschwichtige das
tobende Blau

Ein Kaktusgebirge bist du
Israel
von Heinzelmännchen bewohnt
Sie tragen deine Ableger
in alle Lande

Gestützt
auf den Stab des Hohelieds
besteigen wir
deine Stacheln

Wir melken die
magern die fetten Jahre

Wir pflanzen Zedern
Wir hoffen auf
Anfang

Im Chagall-Dorf

Schiefe Giebel
hängen am
Horizont

Der Brunnen schlummert
beleuchtet von
Katzenaugen

Die Bäuerin
melkt die Ziege
im Traumstall

Blau
der Kirschbaum am Dach
wo der bärtige Greis
geigt

Die Braut
schaut ins Blumenaug
schwebt auf dem Schleier
über der Nachtsteppe

Im Chagall-Dorf
weidet die Kuh
auf der Mondwiese
goldne Wölfe
beschützen die Lämmer

Editorische Notiz

Der Schriftsteller Alfred Gong vermittelte 1962 Rose Ausländer, die damals in New York lebte, einen Kontakt zum Bergland-Verlag in Wien.
Rose Ausländer plante ihre Rückkehr nach Europa und suchte deshalb dort einen Verlag für ihre Gedichte. Sie sandte Anfang 1963 an Dr. Rudolf Felmayer, der die Reihe ›Neue deutsche Dichtung‹ im Bergland-Verlag herausgab, 300 ihrer Texte. Diese Gedichte waren alle seit 1957 entstanden oder aber hatten seitdem ihre endgültige Form erhalten.
Während ihres fast einjährigen Aufenthaltes 1963/64 in Wien wählte Rose Ausländer schließlich mit Dr. Felmayer 93 Gedichte aus, die im August 1965 in dem Band ›Blinder Sommer‹ erschienen.
Darunter waren auch acht Gedichte in überarbeiteter Form aus dem Zyklus ›Getto-Motive‹, der 1941/42 im Getto in Czernowitz von Rose Ausländer geschrieben worden war (›Blinder Sommer‹, ›Unterirdisch‹, ›Das erste Erbe‹, ›Nach dem Karneval‹, ›Damit kein Licht uns liebe‹, ›In jenen Jahren‹, ›Schallendes Schweigen‹, ›Manchmal der Wind‹).
Berücksichtigt wurden ebenfalls fünf Gedichte, die die Autorin im Oktober 1957 Paul Celan vorgelegt hatte und die von diesem für gut befunden worden waren (›Ruf und Kristall‹, ›Das unhörbare Herz‹, ›Immer Atlantis‹, ›Im Osten des Herzens‹, ›Die Tür‹).
Der Bergland-Verlag hatte von dem Buch ›Blinder Sommer‹ lediglich 500 Exemplare aufgelegt. Somit blieben diese Gedichte weitgehend unbekannt. 1976 wurden sie in den Band ›Rose Ausländer – Gesammelte Gedichte‹ aus dem Literarischen Verlag Braun, Köln, aufgenommen. Im Gesamtwerk der Rose Ausländer, welches im S. Fischer Verlag, Frankfurt, erschienen ist, finden sie sich in Band 2, ›Die Sichel mäht die Zeit zu Heu‹.

Als Einzelausgabe werden die Gedichte mit dieser Taschenbuchpublikation erstmalig einem großen Lesepublikum zugänglich gemacht.
Die Wiedergabe der Texte erfolgt nach der 2. Auflage des Bandes ›Gesammelte Gedichte‹, Köln 1977; handschriftliche Korrekturen Rose Ausländers wurden dabei berücksichtigt.

Königswinter, Dezember 1986
Helmut Braun

Bitte umblättern:

Marie Luise Kaschnitz

Das Haus der Kindheit
Band 5939

»Die Faszination, welche die Tagebuchform schon stilistisch auf die Autorin ausübte, zeigt sich schon darin, daß sie ihre Kindheit weder in der Form der Erinnerung noch in einer Autobiographie darstellt, sondern durch ein fingiertes Tagebuch einer fingierten Erzählerin (...) in die Gegenwart zieht.«
(Elisabeth Pulver)

Eines Mittags, Mitte Juni
Erzählungen. Band 5815

Dieser Sammelband vereint eine Auswahl aus »Lange Schatten« und einige frühe, bisher wenig bekannte Erzählungen. Poetische Texte, in denen die Realität durchaus ihr Recht behält.

Wohin denn ich
Aufzeichnungen. Band 5814

»Die Einsamkeit und Umweltlosigkeit wird am Einzelfall des Witwenschicksals dargestellt mit einer Kühnheit und Folgerichtigkeit, die ihresgleichen sucht in der von Frauen geschriebenen Literatur.«
(Geno Hartlaub)

Überallnie
Ausgewählte Gedichte 1928–1965
Mit einem Nachwort von Karl Krolow
Band 5720

Die Genauigkeit ihrer Sprache entspricht der Suche nach der »härtesten inneren Wahrheit«, von der Marie Luise Kaschnitz selbst einmal gesprochen hat.

Lyrik

Christoph Meckel
Säure
Gedichte
Band 5122
Souterrain
Gedichte
Band 5146
Wildnisse
Band 5819

Selma Meerbaum-Eisinger
Ich bin in Sehnsucht eingehüllt
Band 5394

Hanns Otto Münsterer
Mancher Mann
Gedichte
Band 5163

Edgar Neis (Hg.)
Gedichte über Dichter
Band 2156

Aras Ören
Deutschland, ein türkisches Märchen
Gedichte
Band 5130
Mitten in der Odyssee
Gedichte
Band 5777

Nicanor Parra
Und Chile ist eine Wüste
Poesie und Antipoesie
Band 5034

Fritz Pratz (Hg.)
Deutsche Gedichte von 1900 bis zur Gegenwart
Band 2197

David Rokeah
Nicht Tag nicht Nacht
Ausgewählte Gedichte
Band 5958

Thomas Rothschild (Hg.)
Von großen und von kleinen Zeiten
Politische Lyrik von den Bauernkriegen bis zur Gegenwart
Band 5124

Ralf-Rainer Rygulla (Hg.)
Fuck you!
Underground-Gedichte englisch-deutsch
Band 2254

Guntram Vesper
Die Illusion des Unglücks
Gedichte
Band 5128
Die Inseln im Landmeer
und neue Gedichte
Band 5821
Frohburg
Neue Gedichte
Band 5905

Fischer Taschenbuch Verlag

fi 145 / 4c

Monika Maron

Flugasche

Roman. 224 Seiten. Kart. Collection S. Fischer
Fischer Taschenbuch Band 3784

Josefa Nadler ist Journalistin. Als ihre Reportage über das Kraftwerk B. nicht erscheinen darf, verläßt sie den Freund, den Kollegenkreis und die große Gemeinschaft der Organisierten. Die realistische Darstellung der Berufswelt und der Wünsche und Ängste einer Frau, die selbst denken und eigene Gefühle entwickeln möchte, macht den Roman ›Flugasche‹ zu einem erstaunlichen literarischen Zeugnis unserer Gegenwart.

Das Mißverständnis

Vier Erzählungen und ein Stück
127 Seiten. Kart. Collection S. Fischer

Gemeinsames Thema ihrer neuen Texte ist die falsche Erwartung: die Hoffnung auf eine höhere Stellung, das Zusammentreffen mit einem Mann, der die Rolle Gottes spielt, der unmögliche Weg in das Land Nordsüd oder die zwanglose Gemeinsamkeit von Mann und Frau.

Die Überläuferin

Roman. 221 Seiten. Leinen

Die ›Überläuferin‹ ist der Roman eines Stadtviertels (Pankow) und der Sehnsucht nach dem Überschreiten der Grenzen, des Rückzugs und des Aufbruchs.

S. Fischer

fi 565 / 1